Impressum
Verlag: BABADADA GmbH, Nedderfeld 112 , 22529 Hamburg
Geschäftsführer / Verlagsleitung: Harald Hof
Druck: Books on Demand GmbH, In de Tarpen 42, 22848 Norderstedt

Imprint
Publisher: BABADADA GmbH, Nedderfeld 112 , 22529 Hamburg, Germany
Managing Director / Publishing direction: Harald Hof
Print: Books on Demand GmbH, In de Tarpen 42, 22848 Norderstedt, Germany

مدرسه

iskola

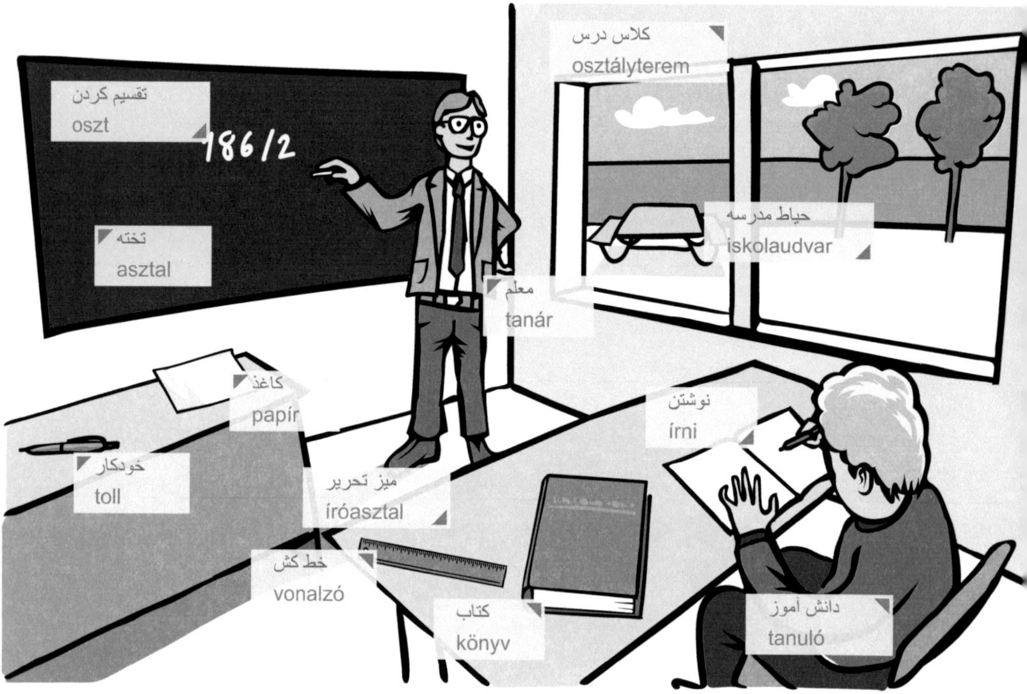

کلاس درس
osztályterem
تقسیم کردن
oszt
186/2
تخته
asztal
حیاط مدرسه
iskolaudvar
معلم
tanár
کاغذ
papír
نوشتن
írni
خودکار
toll
میز تحریر
íróasztal
خط کش
vonalzó
کتاب
könyv
دانش آموز
tanuló

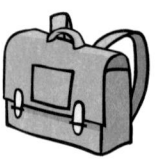

کیف مدرسه

iskolatáska

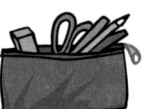

جامدادی

tolltartó

مداد

ceruza

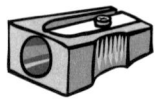

تراش

ceruzahegyező

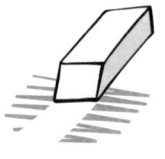

پاک کن

radír

دفتر رسم

rajzfüzet

طراحی

rajz

قلم مو

ecset

جعبه ی آبرنگ

festőkészlet

قیچی

olló

چسب

ragasztó

کتاب تمرین

munkafüzet

تکلیف خانه

házi feladat

12

رقم

szám

2+2

جمع کردن

összead

5-2

تفریق کردن

kivon

2×2

ضرب کردن

szoroz

محاسبه کردن

számol

A

حرف الفبا

betű

ABCDEFG HIJKLMN OPQRSTU VWXYZ

الفبا

ABC

hello

کلمه

szó

متن

szöveg

خواندن

olvasni

گچ

kréta

درس

tanóra

ثبت نام

napló

امتحان

vizsga

مدرک رسمی

bizonyítvány

لباس مدرسه

iskolai egyenruha

تحصیلات

oktatás

دانشنامه

enciklopédia

دانشگاه

egyetem

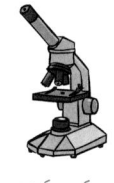

میکروسکوپ

mikroszkóp

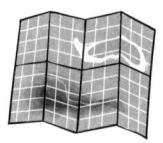

نقشه

térkép

سبد کاغذ باطله

papír-hulladék gyűjtő

utazás

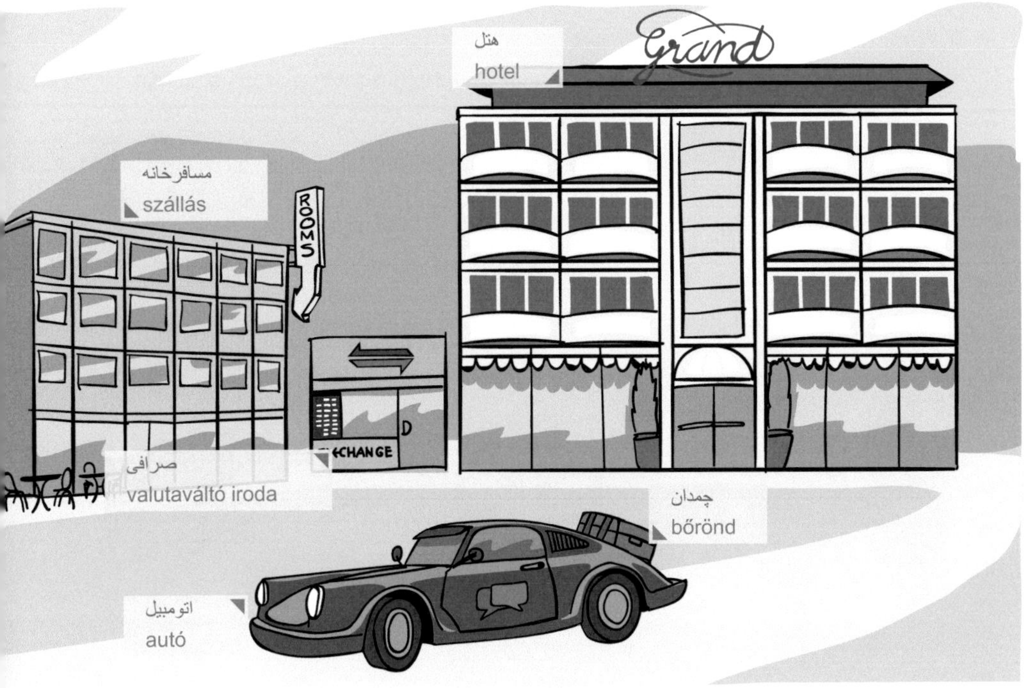
هتل
hotel
Grand
مسافرخانه
szállás
ROOMS
EXCHANGE
صرافی
valutaváltó iroda
چمدان
bőrönd
اتومبیل
autó

زبان

nyelv

بله / خیر

igen/nem

اکی

rendben

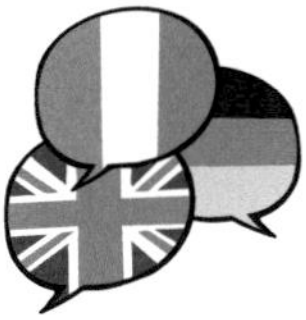

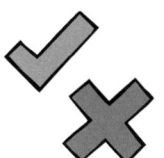

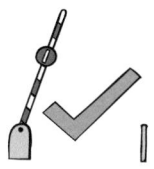

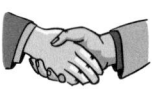

سلام

szia

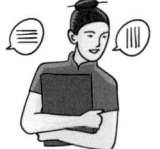

مترجم

fordító

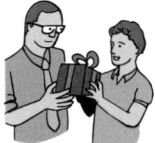

ممنون

köszönöm

قیمت ... چه قدر است؟

mennyibe kerül…?

من متوجه نمی شوم

nem értem

مشکل

probléma

عصر بخیر! / شب بخیر!

Jó estét!

صبح بخیر!

jó reggelt!

شب بخیر!

jó éjszakát!

خداحافظ

viszontlátásra

جهت

útirány

بار سفر

poggyász

کیف

táska

کوله پشتی

hátizsák

مهمان

vendég

اتاق

szoba

کیسه خواب

hálózsák

خیمه

sátor

مرکز راهنمای گردشگران

turista információ

ساحل

strand

کارت اعتباری

hitelkártya

صبحانه

reggeli

ناهار

ebéd

شام

vacsora

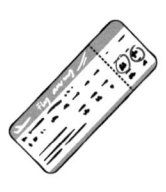

بلیط

jegy

آسانسور

lift

مهر

bélyeg

مرز

határ

گمرک

vám

سفارتخانه

nagykövetség

ویزا

vízum

گذرنامه

útlevél

حمل و نقل

közlekedés

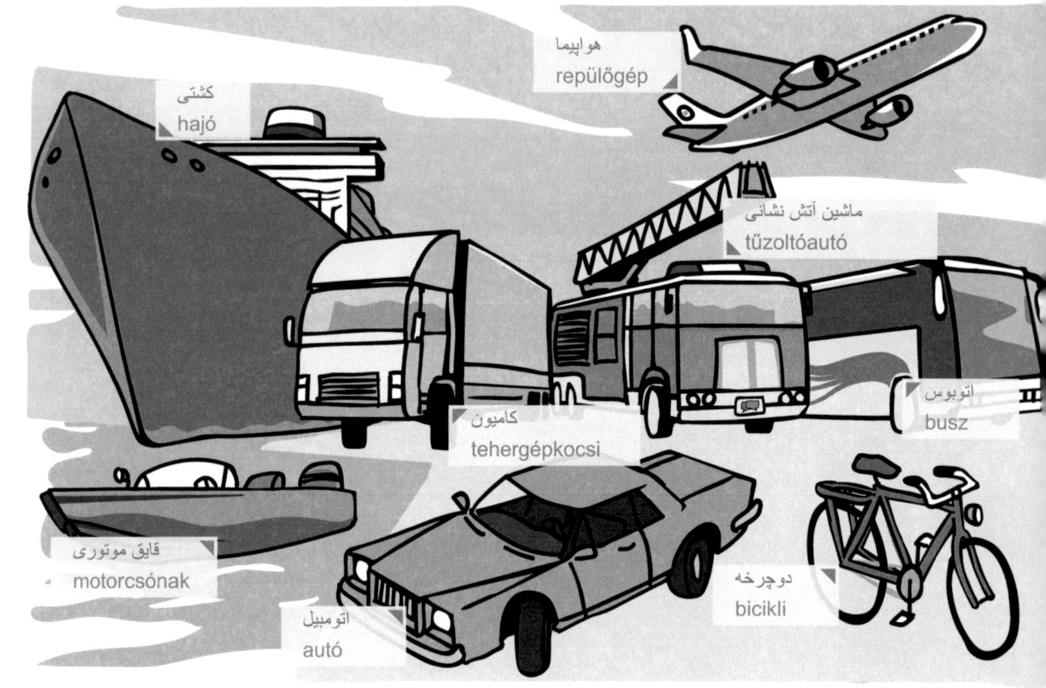
هواپیما
repülőgép
کشتی
hajó
ماشین آتش نشانی
tűzoltóautó
اتوبوس
busz
کامیون
tehergépkocsi
قایق موتوری
motorcsónak
دوچرخه
bicikli
اتومبیل
autó

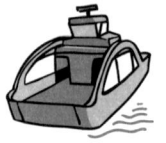

کشتی مسافربری

komp

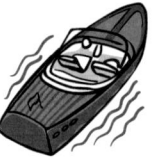

قایق

csónak

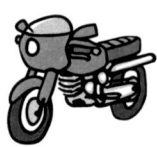

موتورسیکلت

motorkerékpár

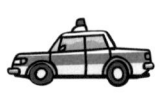

ماشین پلیس

rendőrautó

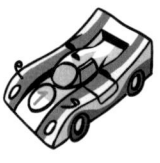

ماشین مسابقه

versenyautó

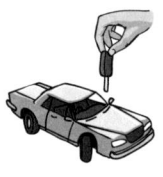

ماشین کرایه ای

bérautó

به اشتراک گذاری اتوموبیل

telekocsi

جرثقیل

vontató

ماشین حمل زباله

szemetes autó

موتور

motor

بنزین

üzemanyag

پمپ بنزین

benzinkút

تابلو راهنمایی و رانندگی

közlekedési tábla

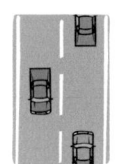

عبور و مرور

forgalom

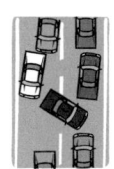

ترافیک

forgalmi dugó

پارکینگ

parkoló

ایستگاه قطار

vonatállomás

ریل راه آهن

sínek

قطار

vonat

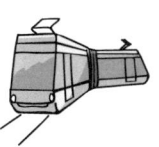

قطار برقی

villamos

واگن

vagon

هلیکوپتر

helikopter

فرودگاه

repülőtér

برج

torony

مسافر

utas

کانتینر

konténer

کارتن

kartondoboz

گاری

taliga

سبد

kosár

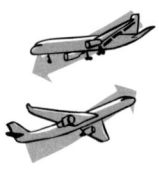

به پرواز درآمدن / فرود آمدن

felszáll / leszáll

شهر

város

دهکده

falu

مرکز شهر

városközpont

خانه

ház

سینما / mozi

تبلیغ / hirdetés

چراغ خیابان / utcai lámpa

CINEMA

خیابان / utca

تاکسی / taxi

دکه / újságosbódé

عابر پیاده / gyalogos

پیاده رو / járda

چهارراه / kereszteződés

خط کشی عابر پیاده / gyalogos átkelő

سطل آشغال بزرگ / szemetes

چراغ راهنما / közlekedési lámpa

کلبه

kunyhó

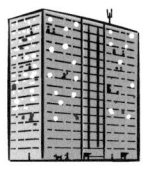

آپارتمان

lakás

ایستگاه قطار

vonatállomás

ساختمان شهرداری

városháza

موزه

múzeum

مدرسه

iskola

دانشگاه

egyetem

بانک

bank

بیمارستان

kórház

هتل

hotel

داروخانه

gyógyszertár

اداره

iroda

کتابفروشی

könyvesbolt

مغازه

üzlet

گل فروشی

virágüzlet

سوپرمارکت

szupermarket

بازار

piac

فروشگاه بزرگ

áruház

ماهی فروش

halárus

مرکز خرید

bevásárló központ

بندر

kikötő

پارک

park

نیمکت

pad

پل

híd

پله

lépcső

مترو

metró

تونل

alagút

ایستگاه اتوبوس

buszmegálló

میخانه

bár

رستوران

étterem

صندوق پست

postaláda

تابلوی خیابان

utcatábla

دستگاه پارکومتر

parkoló óra

باغ وحش

állatkert

استخر شنای عمومی

uszoda

مسجد

mecset

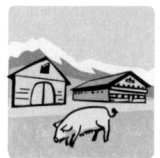

مزرعه

gazdálkodás

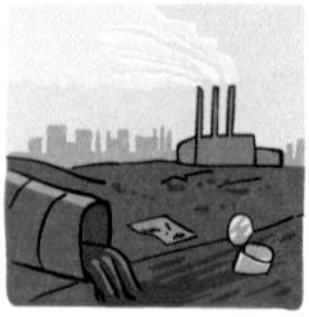

آلودگی محیط زیست

környezetszennyezés

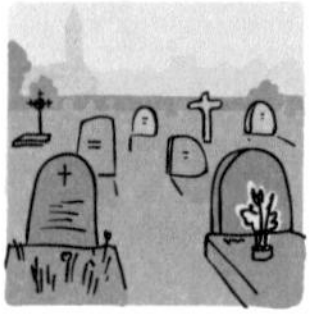

قبرستان

temető

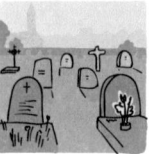

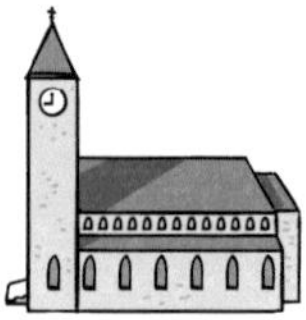

کلیسا

templom

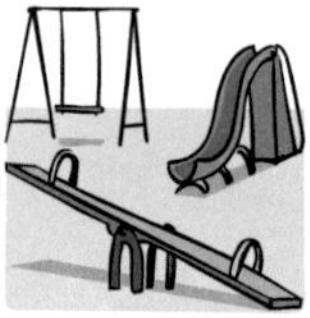

زمین بازی

játszótér

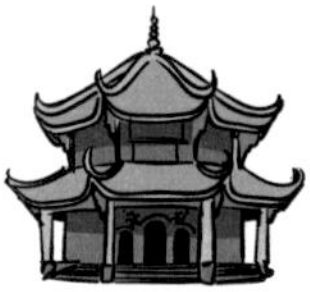

معبد

szentély

چشم انداز

táj

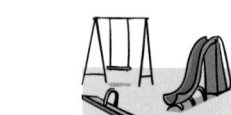

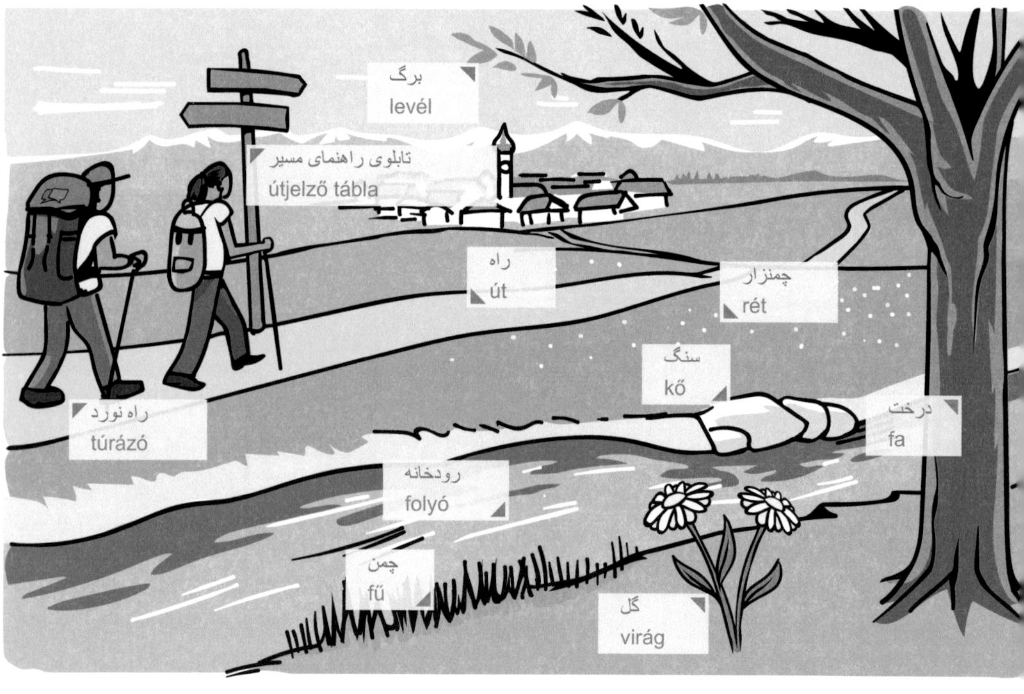
برگ
levél
تابلوی راهنمای مسیر
útjelző tábla
راه
út
چمنزار
rét
سنگ
kő
راه نورد
túrázó
درخت
fa
رودخانه
folyó
چمن
fű
گل
virág

دره

völgy

تپه

domb

دریاچه

tó

جنگل

erdő

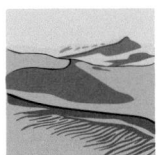

بیابان

sivatag

کوه آتشفشان

vulkán

قلعه

kastély

رنگین کمان

szivárvány

قارچ

gomba

درخت نخل

pálmafa

پشه

szúnyog

مگس

légy

مورچه

hangya

زنبور

méhecske

عنکبوت

pók

سوسک

bogár

قۇرباغه

béka

سنجاب

mókus

جوجه تیغی

sündisznó

خرگوش صحرایی

nyúl

جغد

bagoly

پرنده

madár

قو

hattyú

گراز

vaddisznó

گوزن نر

szarvas

گوزن شمالی

rénszarvas

سد آب

gát

توربین بادی

szélturbina

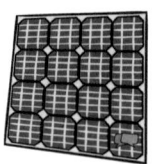

صفحه ی خورشیدی

napelem

أب و هوا

éghajlat

رستوران

étterem

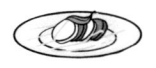

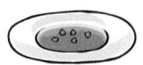

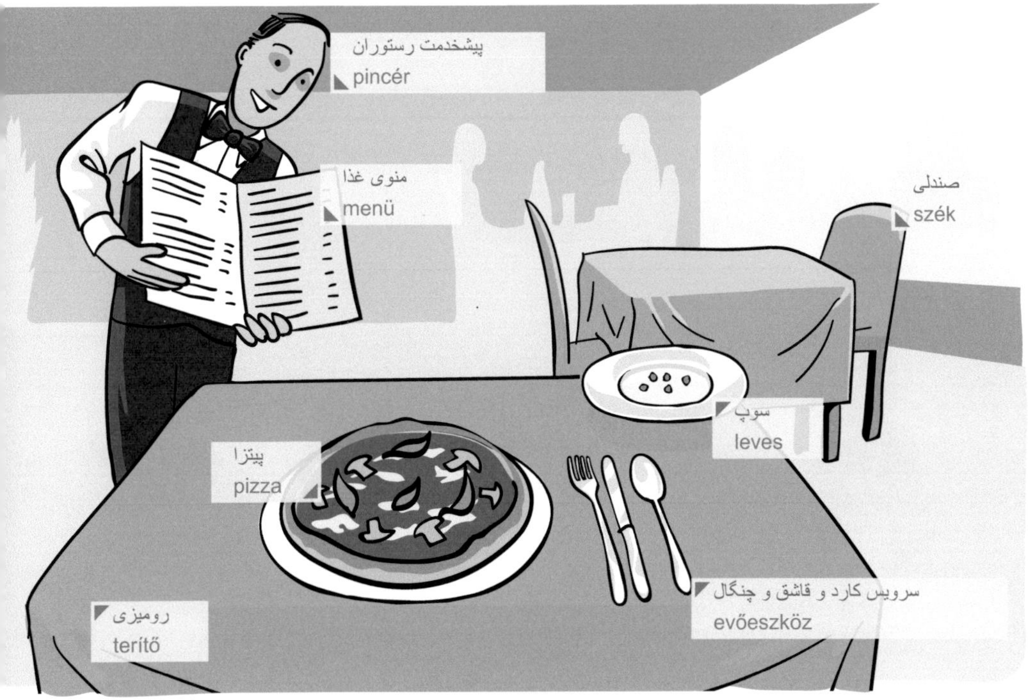

پیشخدمت رستوران
pincér
منوی غذا
menü
صندلی
szék
سوپ
leves
پیتزا
pizza
سرویس کارد و قاشق و چنگال
evőeszköz
رومیزی
terítő

پیش‌غذا
....
előétel

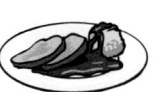

غذای اصلی
....
főétel

دسر
....
desszert

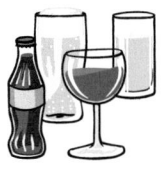

نوشیدنی ها
....
italok

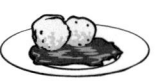

غذا
....
étel

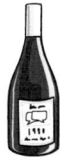

بطری
....
üveg

فست فود

gyorsétel

اغذیه خیابانی

gyorsétel

قوری

teás kanna

قندان

cukortartó

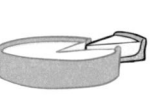

پُرس غذا

adag

دستگاه اسپرسو

eszpresszógép

صندلی پایه بلند غذاخوری بچه

bárszék

صورتحساب

számla

سینی

tálca

چاقو

kés

چنگال

villa

قاشق

kanál

قاشق چایخوری

teáskanál

دستمال سفره

szalvéta

لیوان

pohár

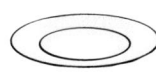

بشقاب

tányér

بشقاب سوپخوری

leveses tányér

نعلبکی

csészealj

سس

szósz

نمکدان

sószóró

فلفل ساب

borsőrlő

سرکه

ecet

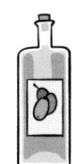

روغن خوراکی

étkezési olaj

ادویه جات

fűszerek

سس کچاپ

ketchup

سس خردل

mustár

سس مایونز

majonéz

سوپرمارکت

szupermarket

پیشنهاد ویژه
különleges ajánlat
FOR
مشتری
ügyfél
لبنیات
tejtermék
میوه جات
gyümölcsök
چرخ دستی خرید
bevásárló kocsi

BUTCHERS

قصابی

hentes

BAKERY

نانوایی

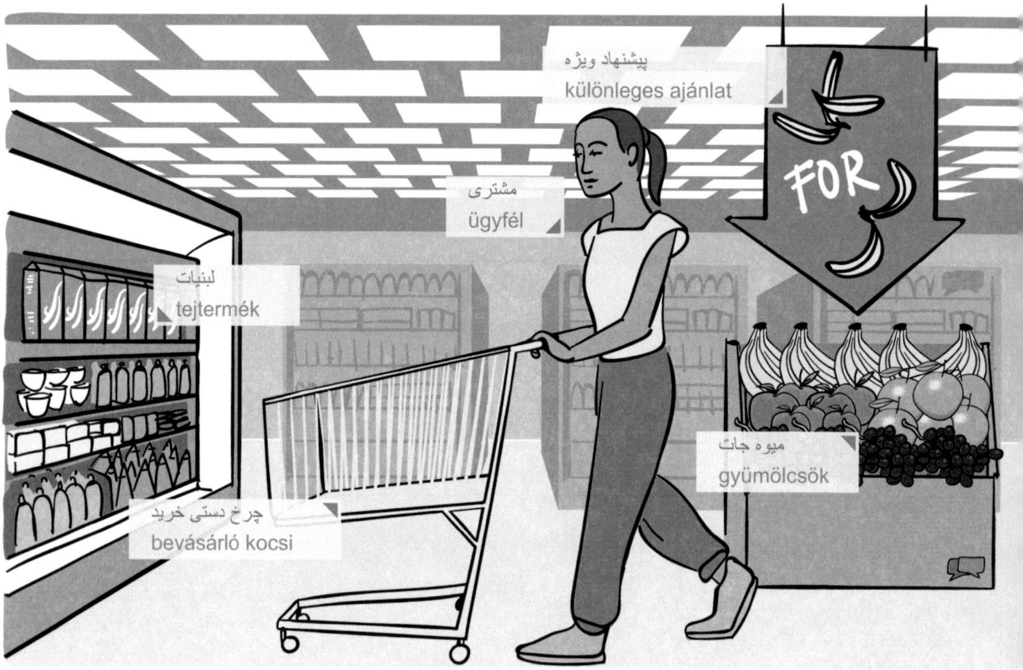

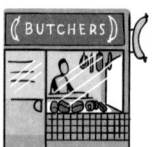

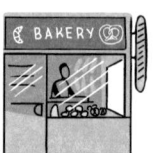

pékség

وزن کردن

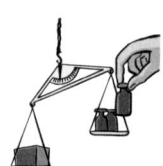

nyom valamennyit

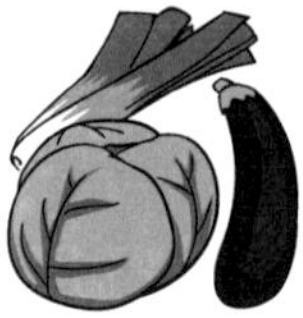

سبزیجات

zöldség

گوشت

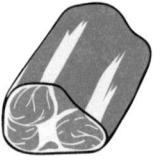

hús

غذای منجمد

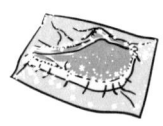

fagyasztott áru

مخلوطی از انواع کالباس یا پنیر که ورقه ای بریده شده باشند

felvágott

غذای کنسروی

konzerv

پودر لباسشویی

mosópor

شیرینی جات

édességek

لوازم خانگی

háztartási termék

ماده شوینده و پاک کننده

tisztítószerek

فروشنده

eladó

صندوق پرداخت

pénztárgép

صندوقدار

eladó

لیست خرید

bevásárló lista

ساعات کار

nyitva tartás

کیف پول

levéltárca

کارت اعتباری

hitelkártya

کیف

zacskó

کیسه ی پلاستیکی

mŭanyag zacskó

أب

víz

آبميوه

gyümölcslé

شير

tej

نوشابه کوکاکولا

kóla

شراب

bor

آبجو

sör

الکل

alkohol

کاکائو

kakaó

چای

tea

قهوه

kávé

قهوه اسپرسو

eszpresszó

کاپوچینو

kapucsínó

موز

banán

سیب

alma

پرتقال

narancs

انواع هندوانه و خربزه

sárgadinnye

لیمو

citrom

هویج

sárgarépa

سیر

fokhagyma

نی بامبو

bambusz

پیاز

hagyma

قارچ

gomba

آجیل

magvak

ماکارونی

nokedli

اسپاگتی

spagetti

برنج

rizs

سالاد

saláta

سیب زمینی سرخ کرده

sült krumpli

سیب زمینی سرخ شده

sült burgonya

پیتزا

pizza

همبرگر

hamburger

ساندویچ

szendvics

شنیتسل

hússzelet

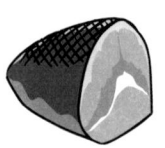

ژامبون خوک

sonka

سالامی

szalámi

سوسیس

kolbász

مرغ

csirke

نوعی گوشت سرخ شده

pecsenye

ماهی

hal

جوی پرک شده
zabkása

نوعی صبحانه مخلوطی از برگه ذرت و
میوه های خشک شده و خشکبار که
معمولا با شیر خورده می شود
müzli

کورن‌فلکس
kukoricapehely

أرد
liszt

کرواسان
croissant

نان بروتشن
zsemle

نان
kenyér

نان تست
pirítós kenyér

بیسکویت
keksz

کره
vaj

کشک
túró

کیک
sütemény

تخم مرغ
tojás

تخم مرغ نیمرو
tükörtojás

پنیر
sajt

بستّنى

jégkrém

شكر

cukor

عسل

méz

مربا

lekvár

كرم شكلاتى بادامى

mogyorókrém

ادويه كارى

curry

مزرعه

gazdálkodás

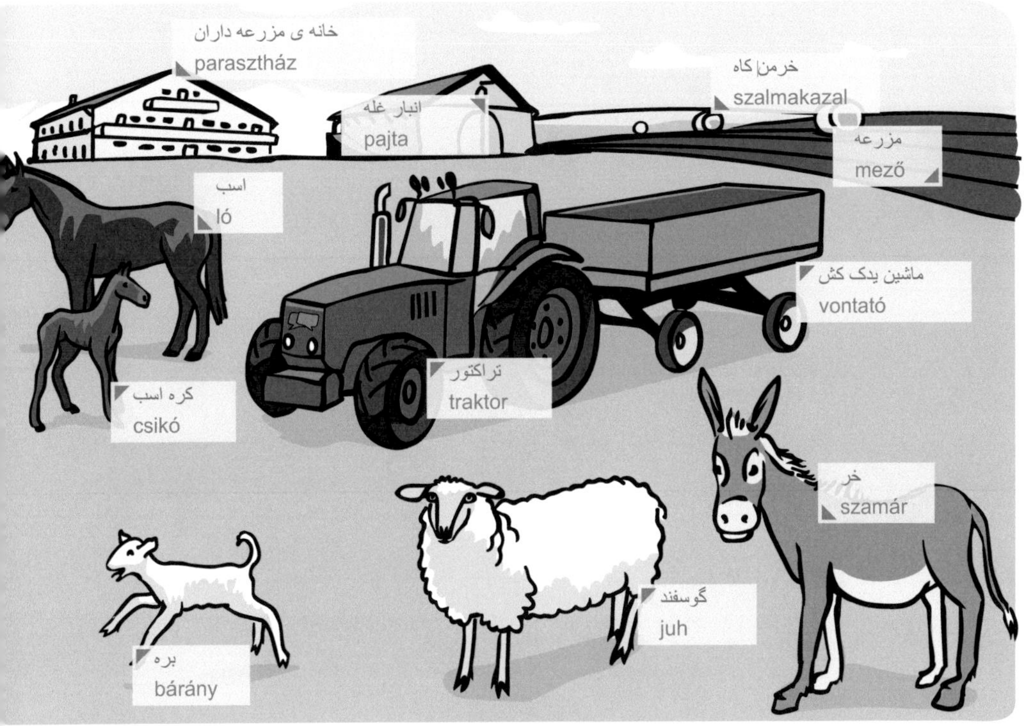

خانه ی مزرعه داران
parasztház
انبار غله
pajta
خرمن‌گاه
szalmakazal
مزرعه
mező
اسب
ló
ماشین یدک کش
vontató
تراکتور
traktor
کره اسب
csikó
خر
szamár
گوسفند
juh
بره
bárány

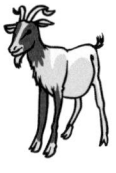

بز

kecske

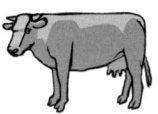

گاو ماده

tehén

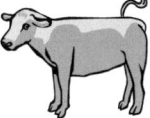

گوساله

borjú

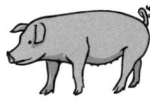

خوک

malac

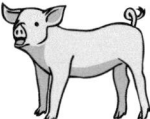

بچه خوک

kismalac

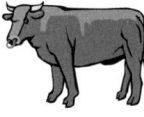

گاو نر

bika

غاز

liba

اردک

kacsa

جوجه

csibe

مرغ

tojó

خروس

kakas

موش صحرایی

patkány

گربه

macska

موش

egér

گاو نر اخته

ökör

سگ

kutya

لانه ی سگ

kutyaház

شلنگ باغبانی

kerti öntözőcső

آبپاش

öntözőkanna

داس دسته بلند

kasza

گاوآهن

eke

داس

sarló

کج بیل

kapa

چنگک باغبانی

vasvilla

تَبر

fejsze

فرقون

talicska

أبشخور

teknő

بطری نگهداری شیر

tejes kancsó

کیسه

zsák

حصار

kerítés

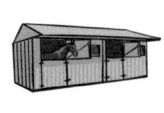

اصطبل

istálló

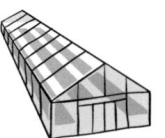

گلخانه

üvegház

خاک

talaj

بذر

vetőmag

کود

trágya

ماشین کمباین

cséplőgép

برداشت کردن محصول

szüretelni

محصول

betakarítás

تمیس

yamgyökér

گندم

búza

سویا

szója

سیب زمینی

burgonya

ذرت

kukorica

کلزا

repcemag

درخت میوه

gyümölcsfa

گیاه مانیوک

manióka

غلات

gabona

خانه

ház

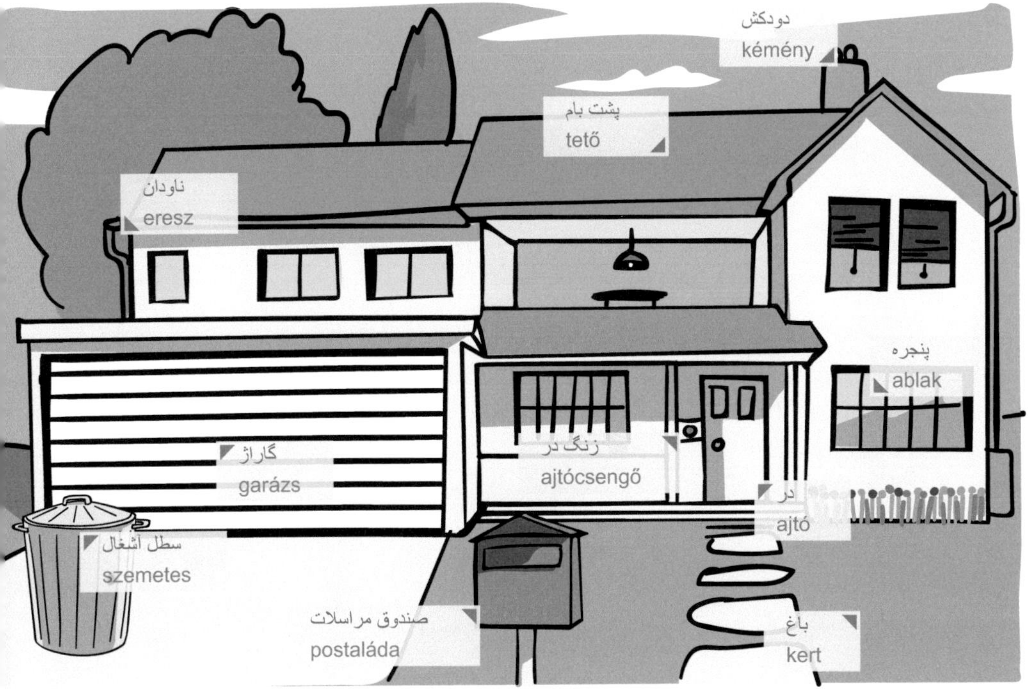

دودکش
kémény
پشت بام
tető
ناودان
eresz
پنجره
ablak
گاراژ
garázs
زنگ در
ajtócsengő
در
ajtó
سطل آشغال
szemetes
صندوق مراسلات
postaláda
باغ
kert

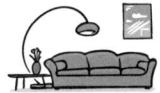

اتاق نشیمن

nappali

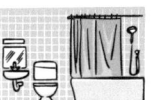

حمام

fürdőszoba

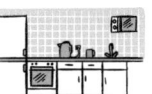

آشپزخانه

konyha

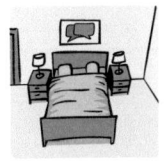

اتاق خواب

hálószoba

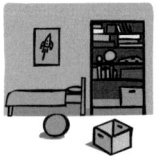

اتاق بچه

gyerekszoba

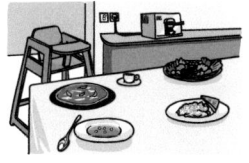

ناهارخوری

ebédlő

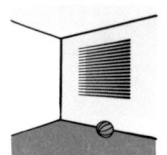

کف زمین

padló

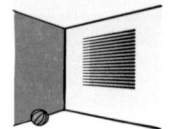

دیوار

fal

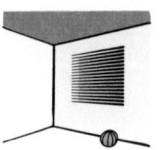

سقف

plafon

زیرزمین

pince

سونا

szauna

بالکن

erkély

تراس

terasz

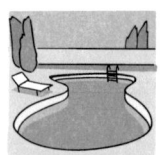

استخر

medence

ماشین چمن‌زنی

fűnyíró

ملافه

lepedő

روتختی

ágytakaró

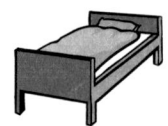

تخت خواب

ágy

جارو

seprű

سطل

vödör

سویچ یا کلید

kapcsoló

nappali

كاغذ ديوارى
tapéta

عكس
kép

لامپ
lámpa

قفسه
polc

كابينت
szekrény

شومينه
kandalló

تلويزيون
televízió

گل
virág

كوسن
párna

گلدان
váza

كاناپه
kanapé

كنترل تلويزيون و ويدئو و غيره
távirányító

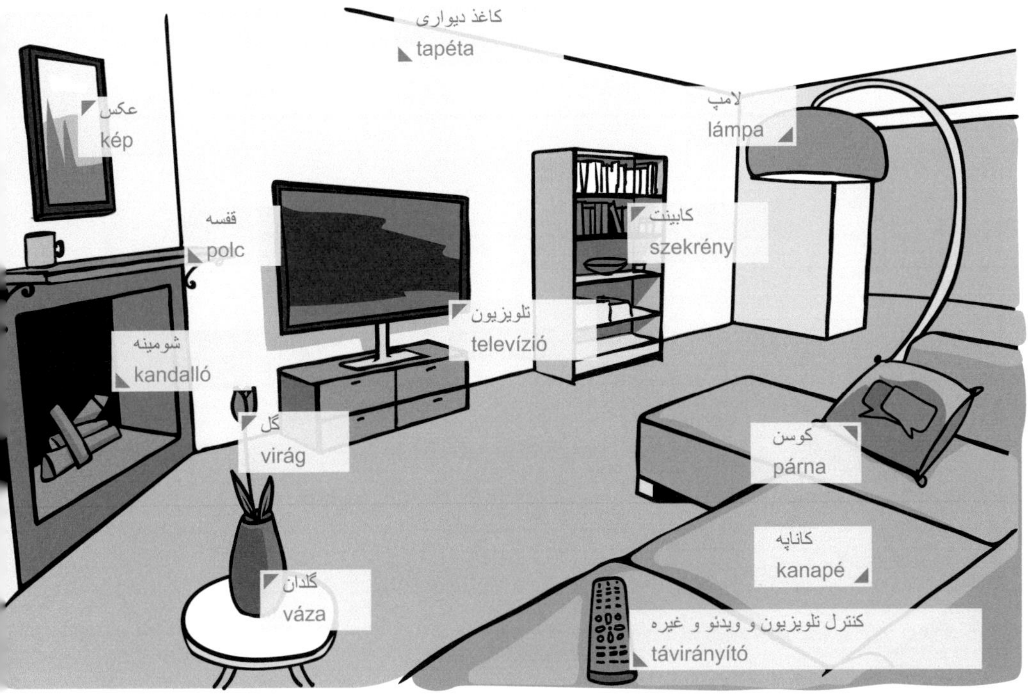

فرش
szőnyeg

پرده
függöny

ميز
asztal

صندلى
szék

صندلى گهواره ایی
hintaszék

صندلى راحتى
karosszék

كتاب

könyv

لحاف

takaró

دكوراسيون

dekoráció

هيزم

tűzifa

فيلم

film

دستگاه ضبط صوت

hifi

كليد

kulcs

روزنامه

újság

تابلو نقاشی

festmény

پوستر

poszter

راديو

rádió

دفترچه يادداشت

jegyzetfüzet

جاروبرقی

porszívó

كاكتوس

kaktusz

شمع

gyertya

آشپزخانه
konyha

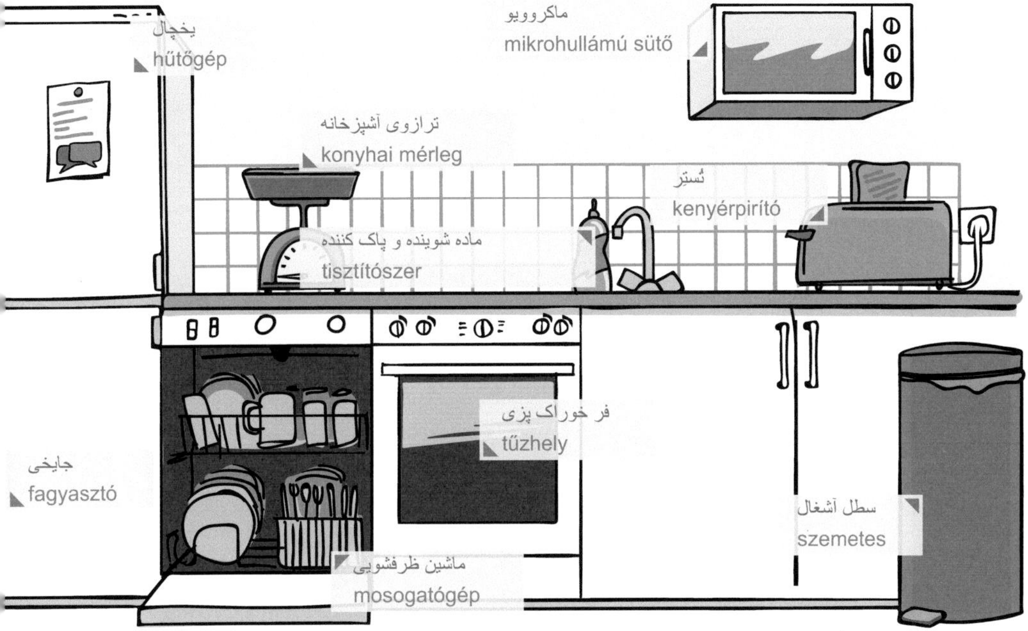

یخچال
hűtőgép
ماکروویو
mikrohullámú sütő
ترازوی آشپزخانه
konyhai mérleg
تُستر
kenyérpirító
ماده شوینده و پاک کننده
tisztítószer
فر خوراک پزی
tűzhely
جایخی
fagyasztó
سطل آشغال
szemetes
ماشین ظرفشویی
mosogatógép

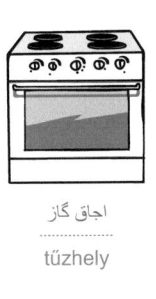

اجاق گاز

tűzhely

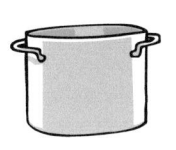

قابلمه

edény

قابلمه چدنی

vasfazék

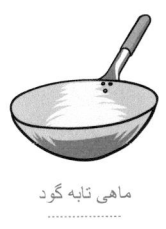

ماهی تابه گود

wok / kadai

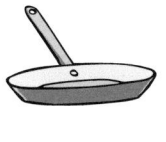

ماهی تابه

serpenyő

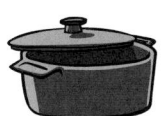

کتری

vízforraló

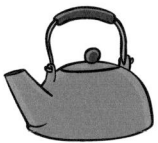

بخاریز

پároló

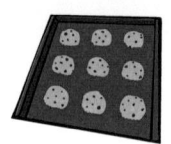

سینی فر

tepsi

ظرف چینی آشپزخانه

étkészlet

لیوان

bögre

کاسه

tálka

چاپستیک

evőpálcika

ملاقه

merőkanál

کفگیر

keverőlapátka

همزن

habverő

آبکش

szűrő

آبکش

szita

رنده

reszelő

هاون

mozsár

باربیکیو

grillsütő

محل مخصوص افروختن آتش

kandalló

تخته گوشت و سبزی

vágódeszka

وردنه

sodrófa

در بطری بازکن

dugóhúzó

قوطی

doboz

در قوطی بازکن

konzervnyitó

دستگیره پارچه ای

edényfogó

سینک ظرفشویی

mosogató

برس گردگیری

kefe

اسفنج

szivacs

مخلوط کن

turmixgép

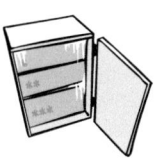

فریزر

mélyhűtő

شیشه شیر بچه

cumisüveg

شیر آب

csap

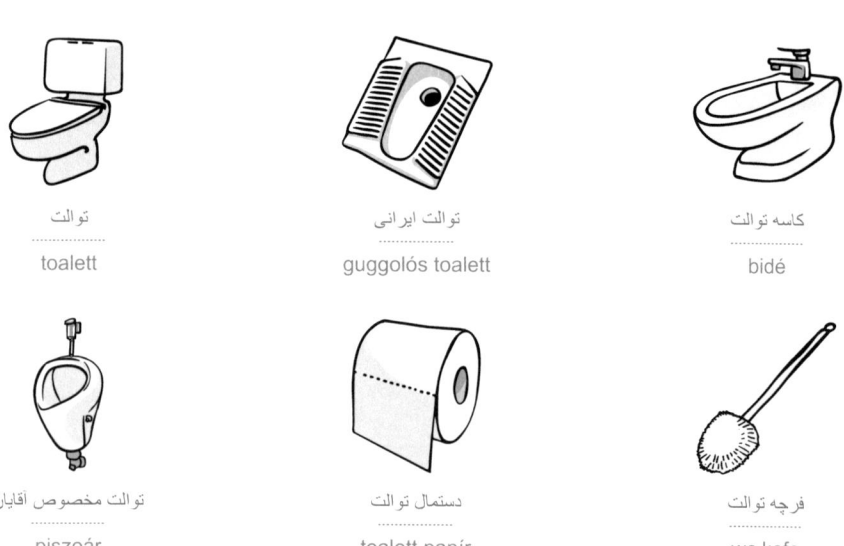

حمام
fürdőszoba

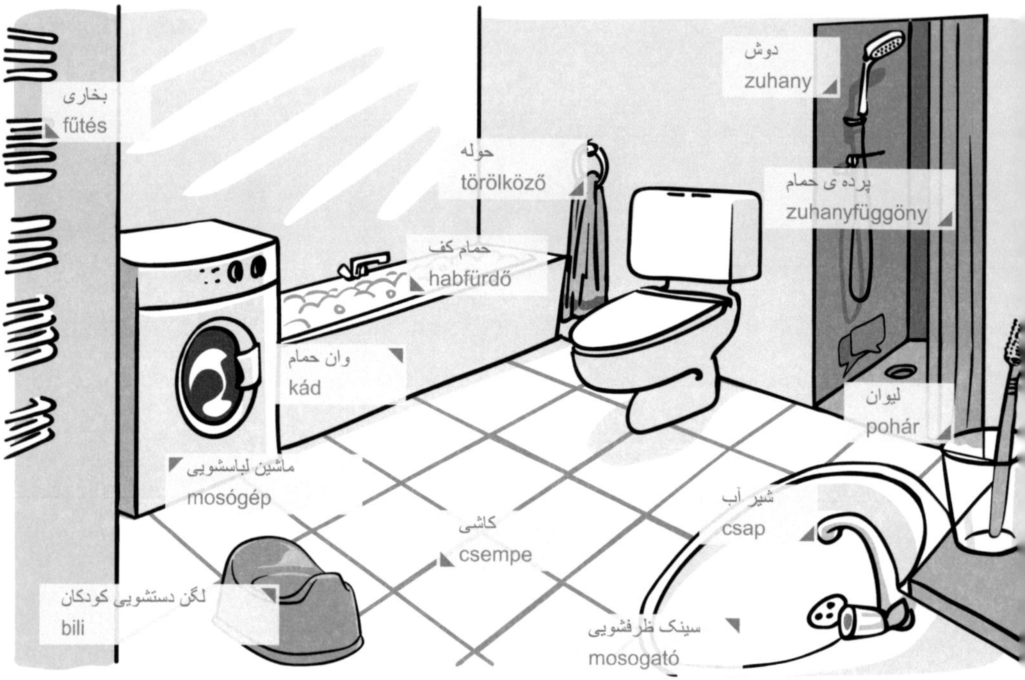

بخاری
fűtés
حوله
törölköző
دوش
zuhany
پرده ی حمام
zuhanyfüggöny
حمام کف
habfürdő
وان حمام
kád
ماشین لباسشویی
mosógép
لیوان
pohár
شیر آب
csap
کاشی
csempe
لگن دستشویی کودکان
bili
سینک ظرفشویی
mosogató

توالت
toalett

توالت ایرانی
guggolós toalett

کاسه توالت
bidé

توالت مخصوص آقایان
piszoár

دستمال توالت
toalett papír

فرچه توالت
wc kefe

مسواک

fogkefe

خمیردندان

fogkrém

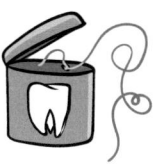

نخ دندان

fogselyem

شستَن

mosni

دوش آب تلفنی

kézi zuhany

شلنگ توالت

intimzuhany

لگن روشویی

mosdótál

برس شست و شوی پشت

hátmosó kefe

صابون

szappan

شامپو بدن

tusfürdő

شامپو

sampon

لیف حمام

mosdókesztyű

راه آب

lefolyó

کرم

krém

اسپری دئودورانت

dezodor

آیینه

tükör

آیینه ی کوچک دستی

kézitükör

تیغ ریش تراشی

borotva

کف ریش تراشی

borotvahab

آفترشیو

borotválkozás utáni
arcszesz

شانه ی سر

fésű

برس

hajkefe

سشوار

hajszárító

اسپری مو

hajlakk

آرایش

smink

رژلب

ajakrúzs

لاک ناخن

körömlakk

پنبه

vatta

قیچی ناخن

körömvágó olló

عطر

parfüm

کیف لوازم آرایشی و بهداشتی

neszesszer

چهارپایه

sámli

ترازو

mérleg

حوله ی پالتویی

köntös

دستکش ظرفشویی

gumikesztyű

تامپون

tampon

نوار بهداشتی

egészségügyi betét

توالت سیار

vegyi WC

اتاق بچه
gyerekszoba

ساعت زنگدار
ébresztő óra
نوعی عروسک نرم به شکل حیوانات
plüssállat
ماشین اسباب بازی
játékautó
جغجغه
csörgő
خانه ی عروسکی
babaház
کادو
ajándék

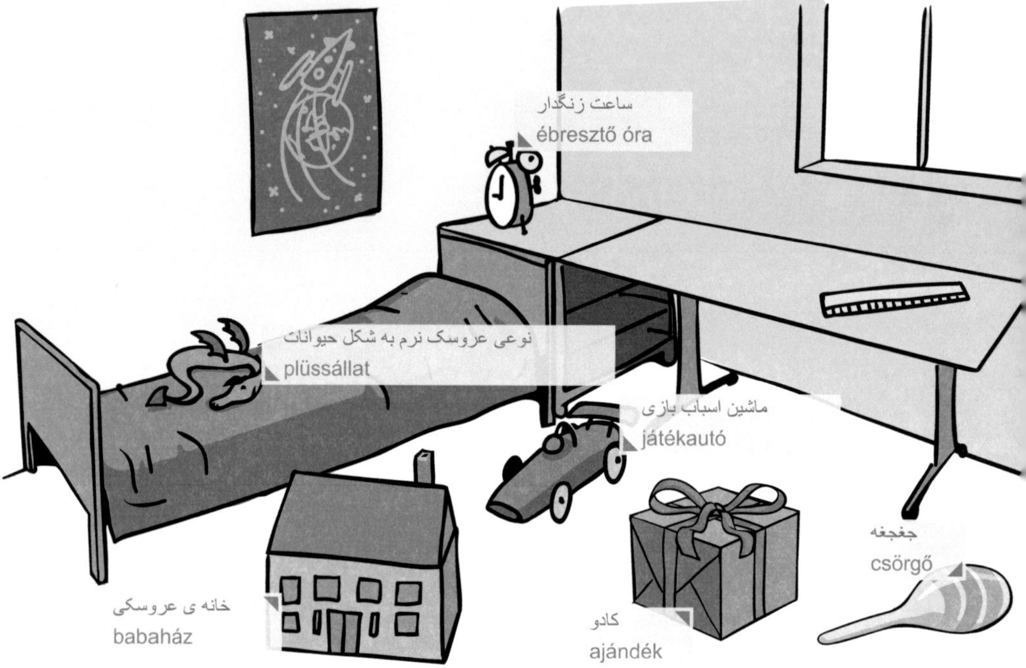

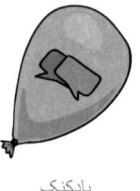

بادکنک

lufi

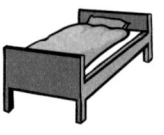

تخت خواب

ágy

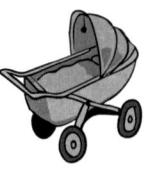

کالسکه بچه

babakocsi

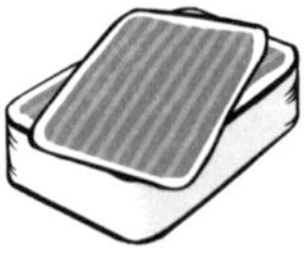

بازی ورق

kártyapakli

پازل

kirakós játék

SUPER
MEGA

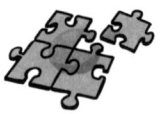

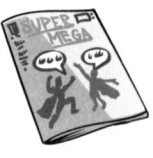

داستان مصور

képregény

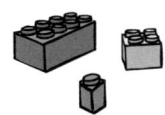

اسباب بازی لگو

építőkockák

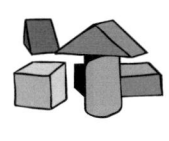

خانه سازی

építőelem

عروسک شخصیت های فیلم و کارتون

szuperhős

لباس نوزاد

rugdalózó

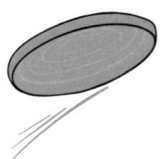

فریزبی

frizbi

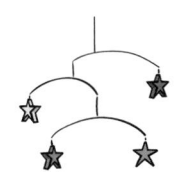

نوعی اسباب بازی که روی تخت نوزاد
یا کودک نصب می شود

zenélő forgó

بازی روی صفحه

társasjáték

تاس

kocka

قطار اسباب بازی

modellvasút

پستانک

cumi

مهمانی

zsúr

کتاب مصور

képeskönyv

توپ

labda

عروسک

baba

بازی کردن

játszani

جعبه شنی مخصوص بازی کودکان

homokozó

تاب

hinta

اسباب بازی

játékok

کنسول بازی های کامپیوتری

videójáték konzol

سه چرخه

tricikli

خرس عروسکی

teddi maci

کمد لباس

ruhásszekrény

لباس

ruházat

جوراب

zokni

جوراب زنانه ساق بلند

harisnya

جوراب شلواری

harisnyanadrág

شال
sál

کمربند
öv

چتر
esernyő

تی شرت
póló

پوتین
csizma

دمپایی
papucs

کفش ورزشی کتانی
tornacipő

صندل
szandál

کفش
cipő

چکمه پلاستیکی
gumicsizma

شرت
alsónadrág

سوتین
melltartó

جلیقه
mellény

بادی

body

شلوار

nadrág

جین

farmer

دامن

szoknya

بلوز

blúz

پیراهن

ing

پولیور

pulóver

سویی شرت

kapucnis pulóver

نوعی کت

blézer

ژاکت

dzseki

کت بلند

kabát

بارانی

esőkabát

لباس نمایش

kosztüm

لباس

ruha

لباس عروس

esküvői ruha

کت و شلوار

öltöny

لباس خواب زنانه

hálóing

پیژامه

pizsama

ساری

szári

روسری

fejkendő

عمامه

turbán

برقع

burka

قبا

kaftán

عبا

abaya

لباس شنا

fürdőruha

شرت شنا

fürdőnadrág

شلوارک

rövidnadrág

لباس ورزشی

tréningruha

پیشبند

kötény

دستکش

kesztyű

دکمه

gomb

عینک

szemüveg

دستبند

karkötő

گردنبند

nyaklánc

انگشتر

gyűrű

گوشواره

fülbevaló

کلاه لبه دار

sapka

چوب لباسی

vállfa

کلاه

kalap

کراوات

nyakkendő

زیپ

cipzár

کلاه ایمنی

bukósisak

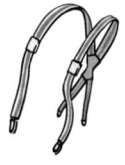

بند شلوار

nadrágtartó

لباس مدرسه

iskolai egyenruha

لباس فرم

egyenruha

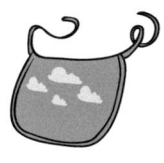

پیش بند بچه

előke

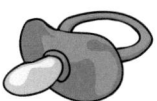

پستانک

cumi

پوشک بچه

pelenka

اداره

iroda

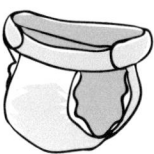

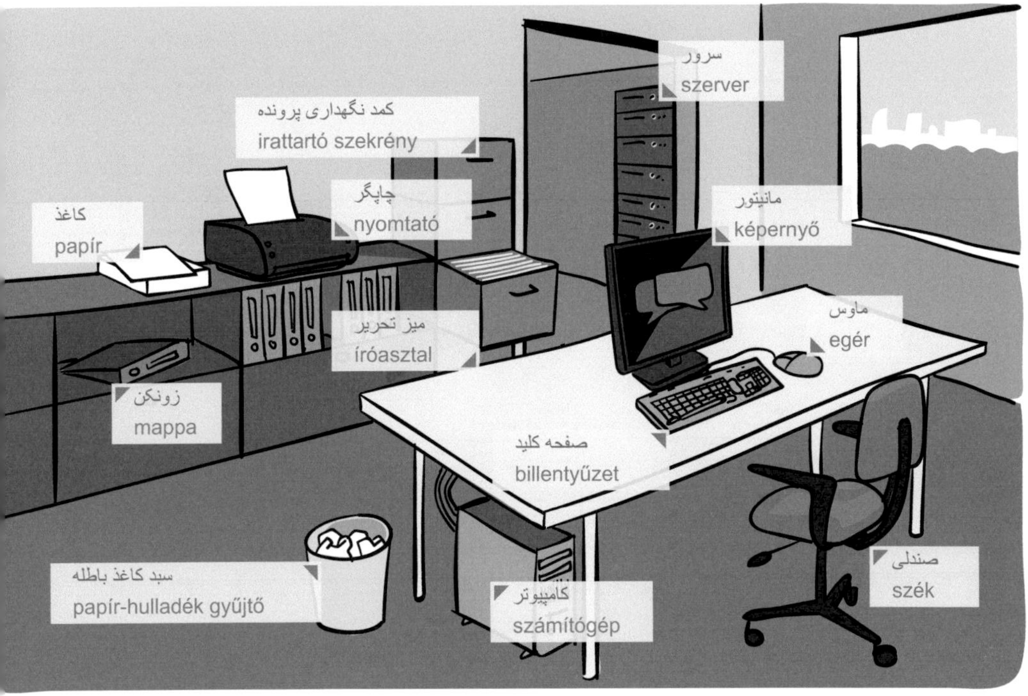
سرور
szerver
کمد نگهداری پرونده
irattartó szekrény
چاپگر
nyomtató
کاغذ
papír
مانیتور
képernyő
ماوس
egér
میز تحریر
íróasztal
زونکن
mappa
صفحه کلید
billentyűzet
سبد کاغذ باطله
papír-hulladék gyűjtő
کامپیوتر
számítógép
صندلی
szék

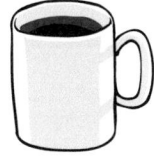

لیوان قهوه

kávéscsésze

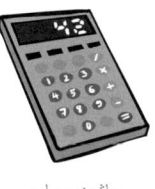

ماشین حساب

számológép

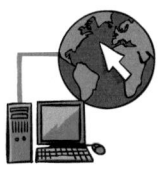

اینترنت

internet

لپ تاپ

laptop

نامه

levél

پیغام

üzenet

تلفن همراه

mobiltelefon

شبکه ی ارتباطی

hálózat

دستگاه فتوکپی

fénymásoló

نرم افزار

szoftver

تلفن

telefon

پریز

konnektor

دستگاه فاکس

faxgép

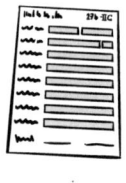

فرم

formanyomtatvány

مدرک

dokumentum

خريدن

venni

پرداخت کردن

fizetni

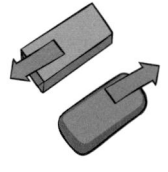

تجارت کردن

kereskedni

پول

pénz

دلار

dollár

یورو

euró

ین

jen

روبل

rubel

فرانک سوئیس

svájci frank

یوان رنمینبی

kínai jüan

روپیه

rúpia

دستگاه خودپرداز

bankautomata

صرافى

valutaváltó iroda

طلا

arany

نقره

ezüst

نفت

olaj

انرژى

energia

قیمت

ár

قرارداد

szerződés

مالیات

adó

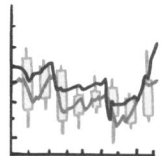

سهام سرمایه

részvény

کار کردن

dolgozni

کارمند

munkavállaló

کارفرما

munkaadó

کارخانه

gyár

مغازه

üzlet

مشاغل

foglalkozások

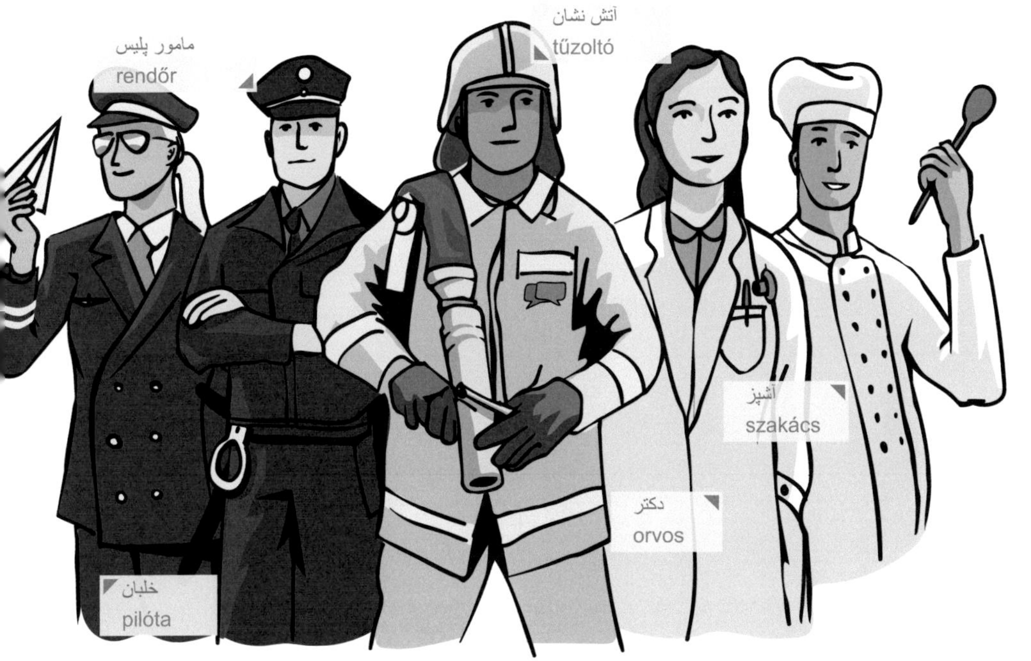

مامور پلیس
rendőr
آتش نشان
tűzoltó
آشپز
szakács
دکتر
orvos
خلبان
pilóta

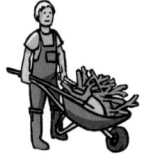

باغبان

kertész

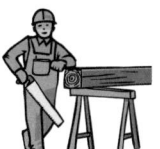

نجار

kárpitos

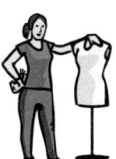

خیاط زنانه

varrónő

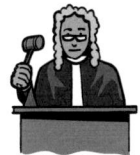

قاضی

bíró

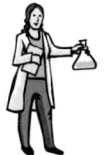

شیمیدان

vegyész

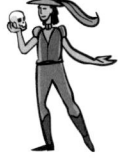

بازیگر

színész

راننده اتوبوس

buszsofőr

راننده تاکسی

taxisofőr

ماهیگیر

halász

نظافتچی زن

bejárónő

سقف ساز

tetőfedő

پیشخدمت رستوران

pincér

شکارچی

vadász

نقاش

festő

نانوا

pék

برقکار

villanyszerelő

کارگر ساختمانی

építőmunkás

مهندس

mérnök

قصاب

hentes

لوله کش

vízvezeték-szerelő

پستچی

postás

سرباز

katona

معمار

építész

صندوقدار

eladó

گل فروش

virágos

آرایشگر

fodrász

مامور کنترل بلیط در قطار

kalauz

مکانیک

műszerész

ناخدا

kapitány

دندانپزشک

fogorvos

دانشمند

tudós

عالم یهودی

rabbi

امام

imám

راهب

szerzetes

کشیش

lelkész

ابزارآلات

szerszámok

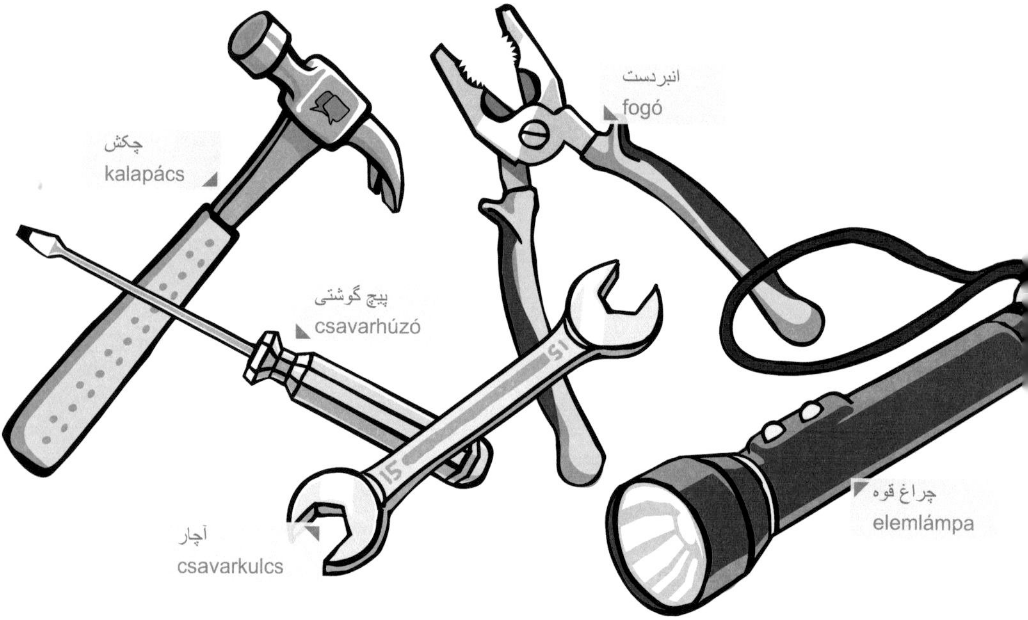
چکش
kalapács
انبردست
fogó
پیچ گوشتی
csavarhúzó
آچار
csavarkulcs
چراغ قوه
elemlámpa

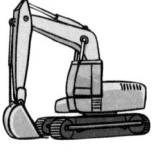

بیل مکانیکی

markológép

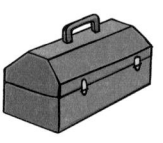

جعبه ابزار

szerszámosláda

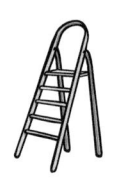

نردبان

vödör

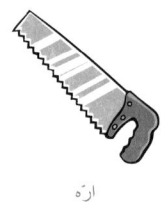

ارّه

fűrész

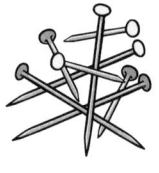

میخ

szög

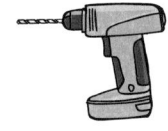

مته

fúrógép

تعمیر کردن

megjavítani

بیل

lapát

لعنتی!

A francba!

خاک انداز

szemétlapát

سطل رنگرزی

festékesdoboz

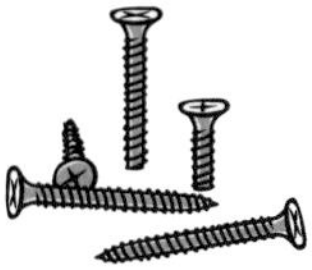

پیچ

csavar

آلات موسیقی
hangszerek

بلندگو
hangszóró

درامز
dobfelszerelés

گیتار
gitár

کنترباس
nagybőgő

ترومپت
trombita

پیانو

zongora

ویولن

hegedű

گیتار بیس

basszusgitár

تیمپانی

üstdob

طبل

dobok

کیبورد الکتریک

digitális zongora

ساکسیفون

szaxofon

فلوت

fuvola

میکروفون

mikrofon

باغ وحش
állatkert

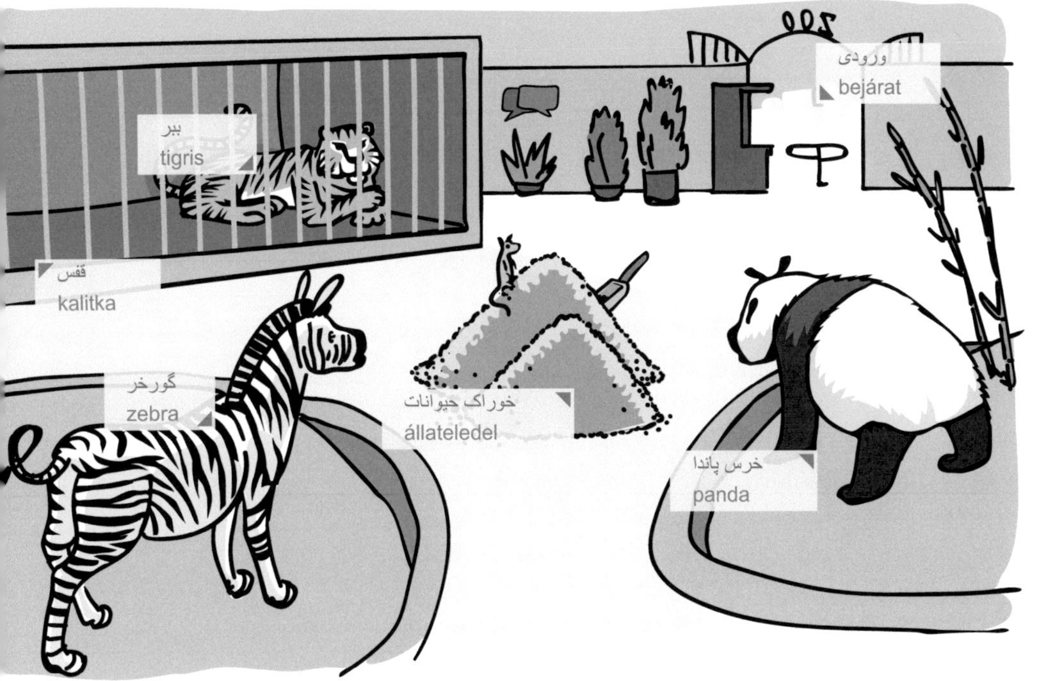

ورودی
bejárat
ببر
tigris
قفس
kalitka
گورخر
zebra
خوراک حیوانات
állateledel
خرس پاندا
panda

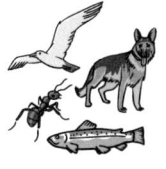

حیوانات

állatok

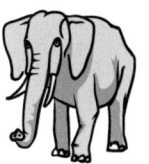

فیل

elefánt

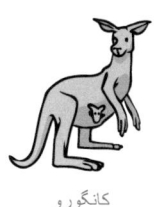

کانگورو

kenguru

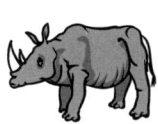

کرگدن

orrszarvú

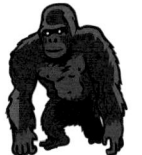

گوریل

gorilla

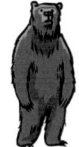

خرس

medve

شتَر

teve

شتَرمرغ

strucc

شیر

oroszlán

میمون

majom

فلامینگو

flamingó

طوطی

papagáj

خرس قطبی

jegesmedve

پنگوئن

pingvin

کوسه

cápa

طاووس

páva

مار

kígyó

تمساح

krokodil

نگهبان باغ وحش

állatgondozó

خوک آبی

fóka

پلنگ امریکایی

jaguár

اسب کوچک

póniló

پلنگ

leopárd

اسب آبی

víziló

زرافه

zsiráf

عقاب

sas

گراز

vaddisznó

ماهی

hal

لاک پشت

teknős

شیرماهی

rozmár

روباه

róka

غزال

gazella

فوتبال آمریکایی
amerikai futball

دوچرخه سواری
kerékpározás

تنیس
tenisz

بسکتبال
kosárlabda

شنا
úszás

بوکس
boksz

هاکی روی یخ
jégkorong

فوتبال
futball

بدمینتون
tollas

دوومیدانی
atlétika

هندبال
kézilabda

اسکی
síelés

پولو
lovaspóló

فعالیت ها

tevékenységek

خندیدن
nevetni
پریدن
ugrani
بغل کردن
ölelni
راه رفتن
sétálni
آواز خواندن
énekelni
رؤیا دیدن
álmodni
دعا کردن
dicsérni
بوسیدن
csókolni

نوشتن

....

írni

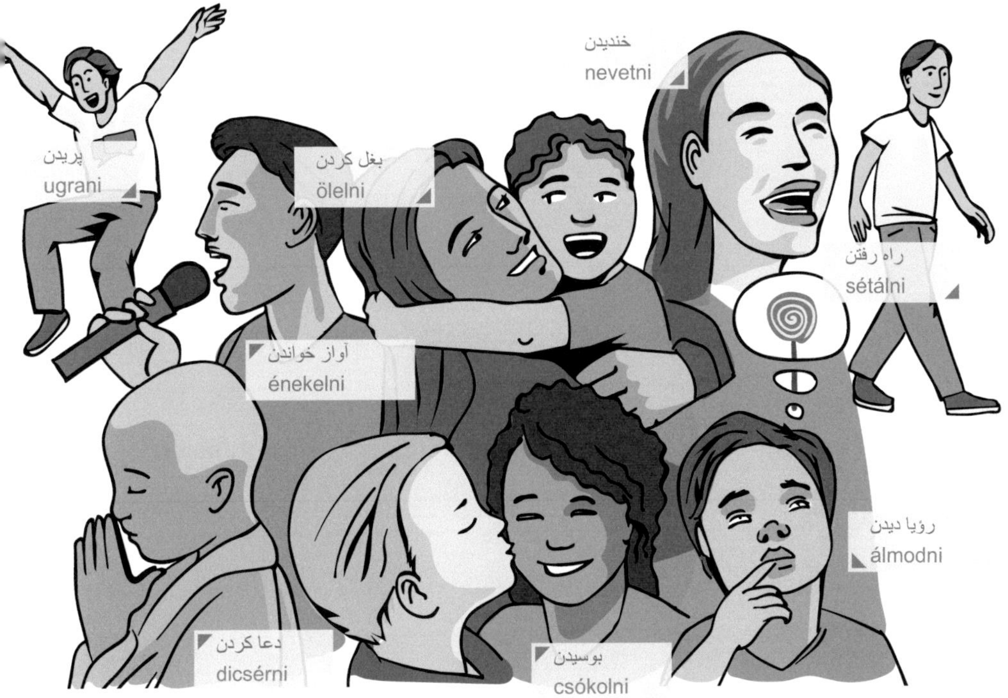

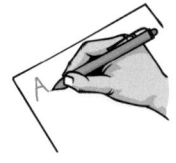

رسم کردن

....

rajzolni

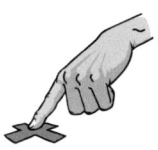

نشان دادن

....

mutatni

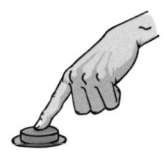

هل دادن

....

tolni

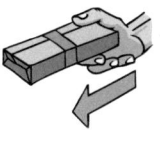

دادن

....

adni

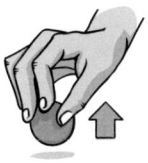

برداشتن

....

vinni

داشتن

birtokolni

انجام دادن

csinálni

بودن

lenni

ایستادن

állni

دویدن

futni

کشیدن

húzni

پرتاب کردن

hajít

افتادن

esni

دراز کشیدن

hazudni

منتَظِر بودن

várni

حمل کردن

vinni

نِشستن

ülni

لباس پوشیدن

felvenni

خوابیدن

aludni

بیدار شدن

felébredni

تماشا کردن

ránézni

گریه کردن

sírni

نوازش کردن

simogat

شانه کردن

fésülni

حرف زدن

beszélni

فهمیدن

megérteni

پرسیدن

kérdezni

شنیدن

hallgatni

آشامیدن

inni

خوردن

enni

مرتب کردن

takarítani

عاشق بودن

szeretni

پختن

főzni

رانندگی کردن

vezetni

پرواز کردن

szállni

قایقرانی کردن

vitorlázni

محاسبه کردن

számol

خواندن

olvasni

یاد گرفتن

tanulni

کار کردن

dolgozni

ازدواج کردن

házasodni

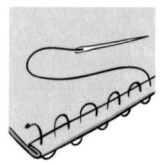

دوختن

varrni

مسواک زدن

fogat mosni

کشتن

ölni

سیگار کشیدن

dohányozni

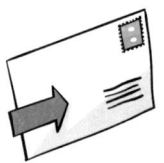

فرستادن

küldeni

خانواده
család

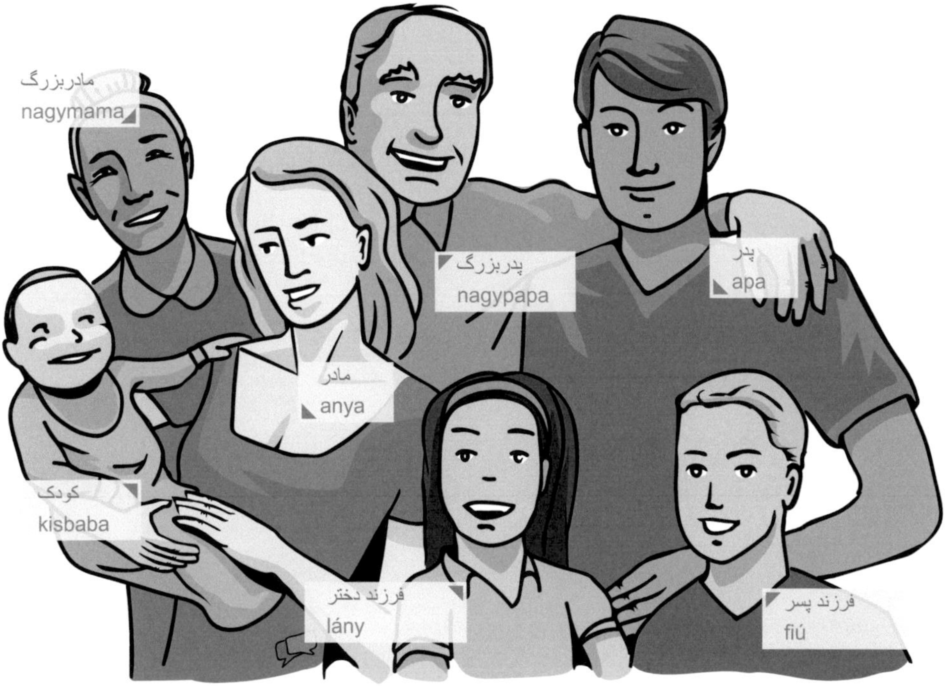

مادربزرگ
nagymama
پدربزرگ
nagypapa
پدر
apa
مادر
anya
کودک
kisbaba
فرزند دختر
lány
فرزند پسر
fiú

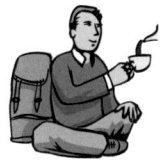

مهمان

vendég

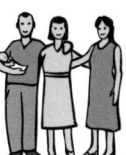

خاله، عمه

nagynéni

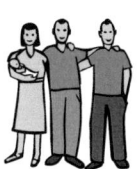

دایی، عمو

nagybácsi

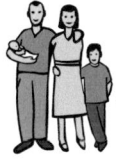

برادر

fiútestvér

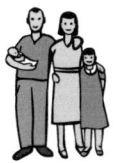

خواهر

lánytestvér

بدن
test

پیشانی
homlok
چشم
szem
شانه
váll
انگشت دست
ujj
صورت
arc
چانه
áll
دست
kéz
ساق پا
láb
سینه
mell
بازو
kar

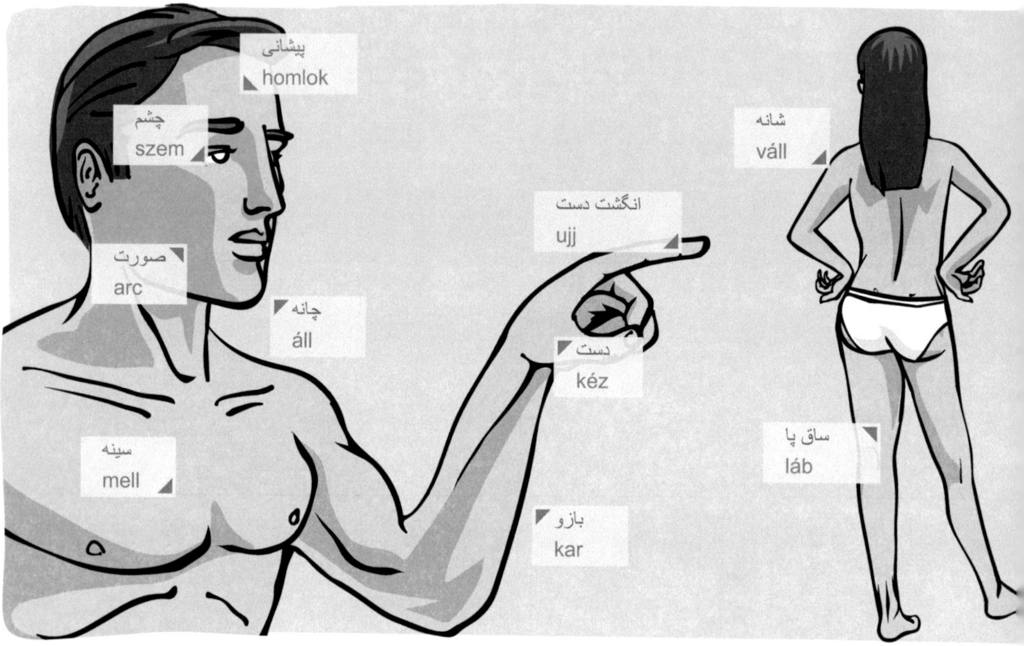

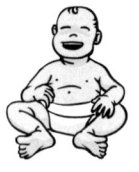

کودک
....
kisbaba

مرد
....
ember

زن
....
nő

دختربچه
....
lány

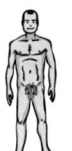

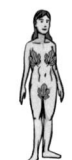

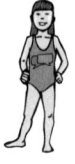

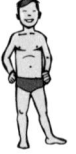

پسربچه
....
fiú

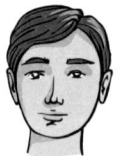

کله
....
fej

كمر

hát

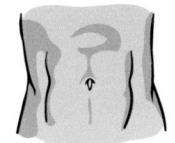

شكم

has

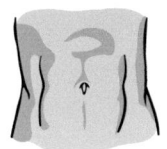

ناف

köldök

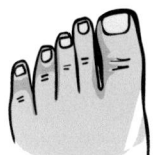

انگشت پا

lábujj

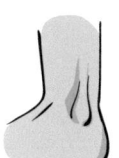

پاشنه

sarok

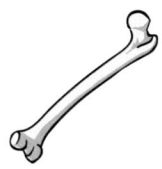

استخوان

csont

لگن

csípő

زانو

térd

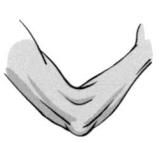

آرنج

könyök

بینی

orr

نشیمنگاه

fenék

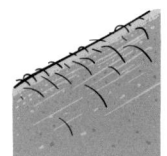

پوست

bőr

گونه

orca

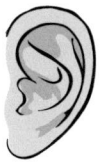

گوش

fül

لب

ajak

دهان

száj

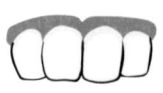

دندان

fog

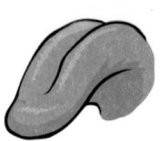

زبان

nyelv

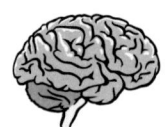

مغز

agy

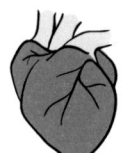

قلب

szív

عضله

izom

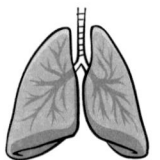

ریه

tüdő

کبد

máj

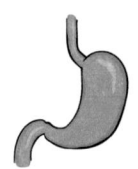

معده

gyomor

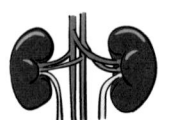

کلیه

vese

آمیزش جنسی

szex

کاندوم

kondom

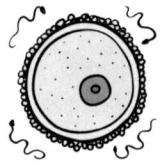

تخمک

petesejt

اسپرم

sperma

حاملگی

terhesség

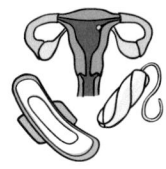

پریود

menstruáció

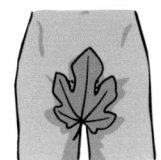

واژن

vagina

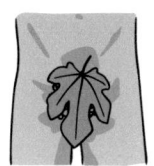

آلت تناسلی مرد

pénisz

ابرو

szemöldök

مو

haj

گردن

nyak

بیمارستان
kórház

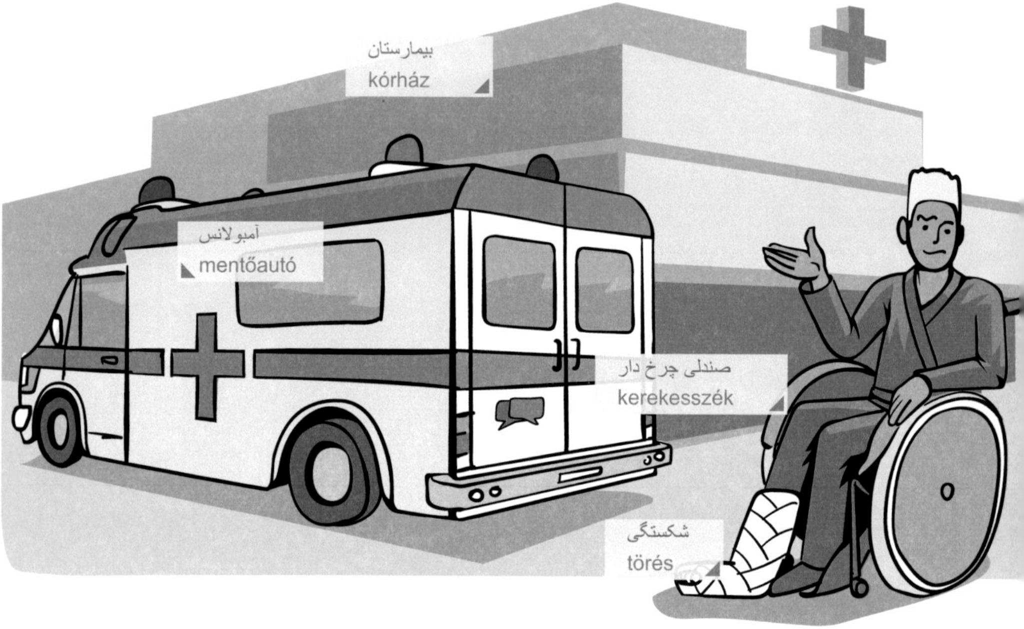

بیمارستان
kórház
آمبولانس
mentőautó
صندلی چرخ دار
kerekesszék
شکستگی
törés

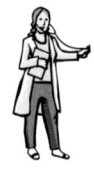

دکتر

orvos

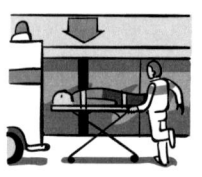

بخش اورژانس

sürgősségi osztály

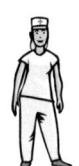

پرستار

ápoló

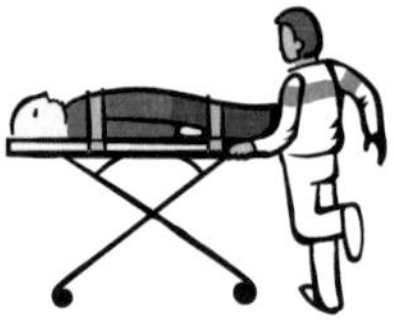

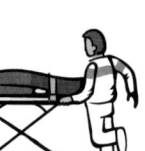

موقعیت اضطراری

vészhelyzet

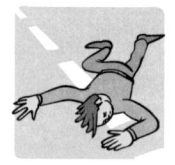

بی هوش

eszméletlen

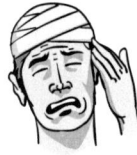

درد

fájdalom

مصدومیت

sérülés

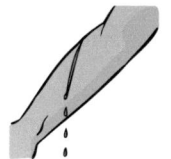

خونریزی

vérzés

سکته قلبی

szívroham

سکته مغزی

szélütés

ألرژی

allergia

سرفه

köhögés

تب

láz

أنفولانزا

influenza

اسهال

hasmenés

سردرد

fejfájás

سرطان

rák

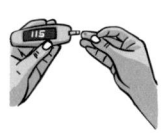

دیابت

cukorbetegség

جراح

sebész

چاقوی جراحی

szike

عمل جراحی

műtét

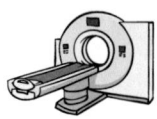

سی تی اسکن

CT

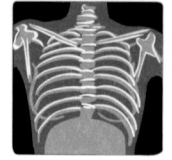

پرتونگاری

röntgen

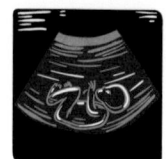

سونوگرافی

ultrahang

ماسک صورت

arcmaszk

بیماری

betegség

اتاق انتظار

váróterem

چوب زیر بغل

mankó

چسب زخم

sebtapasz

پانسمان

kötszer

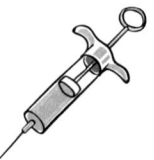

تَزریق

injekció

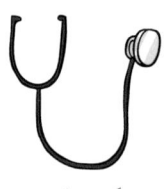

گوشی طبی

sztetoszkóp

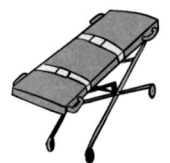

برانکار

hordágy

دماسنج

klinikai hőmérő

زایش

születés

اضافه وزن

túlsúly

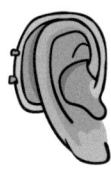

سمعک

hallókészülék

ماده ضد غفونى کننده

fertőtlenítőszer

عفونت

fertőzés

ویروس

vírus

اچ آى و ى / ایدز

HIV/AIDS

دارو

orvosság

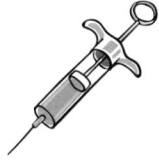

و اکسیناسیون

oltás

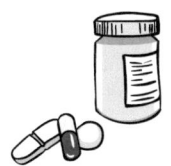

قرص

tabletták

قرص ضد حاملگی

tabletta

تماس اظطرارى

sürgősségi hívás

دستگاه اندازه گیرى فشارخون

vérnyomásmérő

مریض / سالم

betegség / egészség

کمک!

Segítség!

آژیر خطر

riasztás

حمله

rajtaütés

حمله ی فیزیکی

támadás

خطر

veszély

خروج اظطراری

vészkijárat

اتش

tűz!

کپسول آتشنشانی

tűzoltókészülék

تصادف

baleset

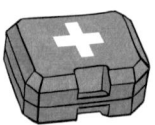

جعبه کمک های اولیه

elsösegélycsomag

درخواست کمک

SOS

پلیس

rendörség

اروپا

Európa

آمریکای شمالی

Észak-Amerika

آمریکای جنوبی

Dél-Amerika

أفریقا

Afrika

آسیا

Ázsia

استرالیا

Ausztrália

اقیا نوس اطلس

Atlanti-óceán

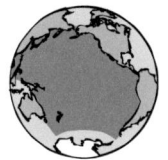

اقیانوس أرام

Csendes-óceán

اقیانوس هند

Indiai-óceán

اقیا نوس اطلس جنوبی

Déli-óceán

اقیانوس منجمد شمالی

Jeges-tenger

قطب شمال

Északi-sark

قطب جنوب

Déli-sark

قاره قطب جنوب

Antarktisz

كره زمين

föld

سرزمين

szárazföld

دريا

tenger

جزيره

sziget

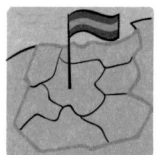

ملت

nemzet

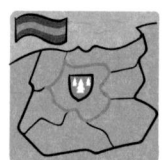

كشور

állam

صفحه ى ساعت

számlap

ساعت شمار

kismutató

دقیقه شمار

nagymutató

ثانیه شمار

másodpercmutató

ساعت چند است؟

Mennyi az idő?

روز

nap

زمان

idő

اکنون

most

ساعت دیجیتال

digitális óra

دقیقه

perc

ساعت

óra

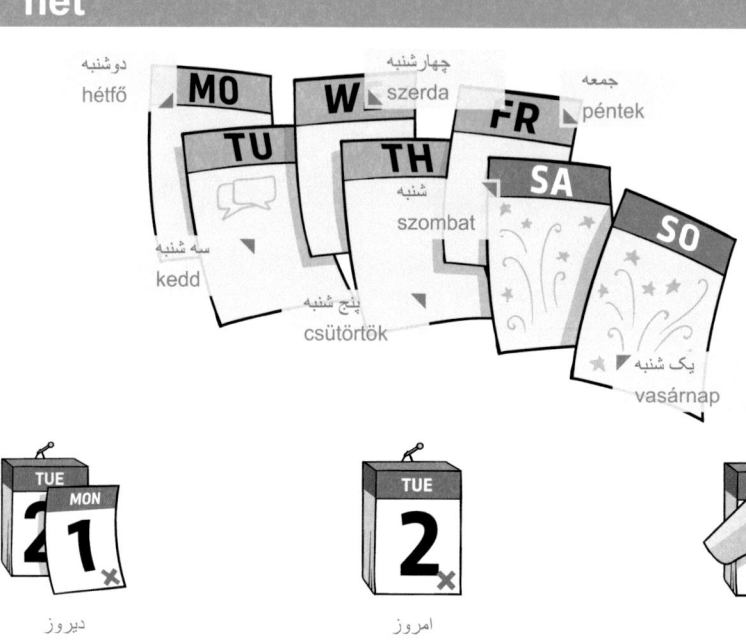

دوشنبه
hétfő

چهارشنبه
szerda

جمعه
péntek

سه‌شنبه
kedd

شنبه
szombat

پنج شنبه
csütörtök

یک شنبه
vasárnap

دیروز

tegnap

امروز

ma

فردا

holnap

صبح

reggel

ظهر

dél

غروب

este

روزهای کاری

hétköznap

آخر هفته

hétvége

باران
eső

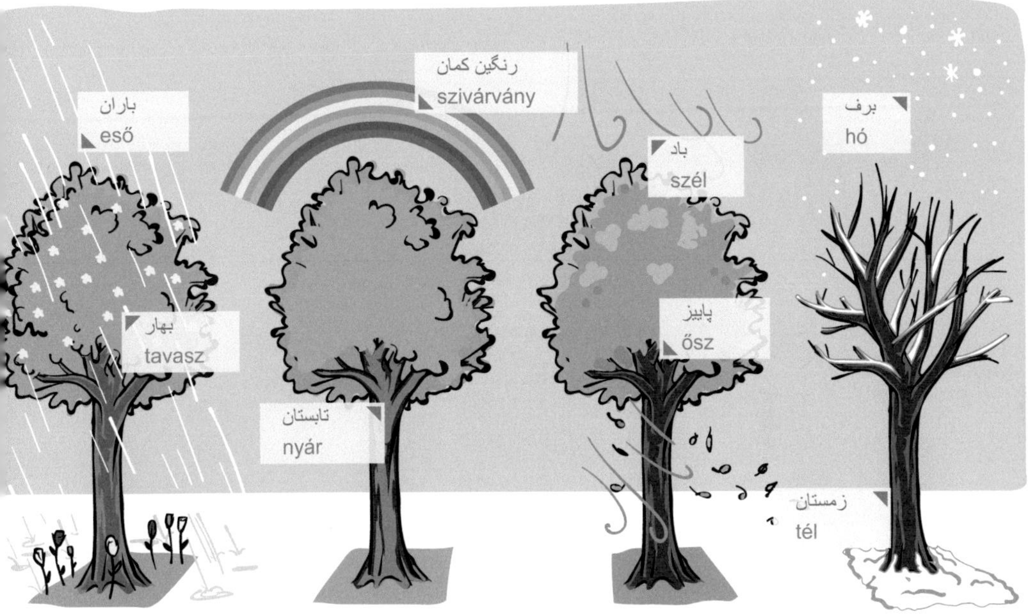

رنگین کمان
szivárvány

باد
szél

برف
hó

بهار
tavasz

تابستان
nyár

پاییز
ősz

زمستان
tél

4.APRIL	11°	☀
5.APRIL	4°	☁
6.APRIL	13°	⛆
7.APRIL	8°	☀
8.APRIL	10°	❄

پیش‌بینی اوضاع جوی

idöjárás elörejelzés

دماسنج

hömérö

تابش آفتاب

napsütés

ابر

felhö

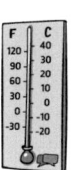

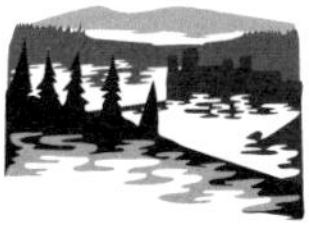

مه

köd

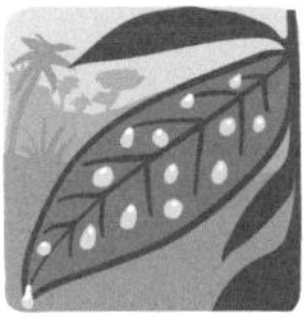

رطوبت هوا

páratartalom

صاعقه

villámlás

آسمان غره

mennydörgés

طوفان

vihar

تگرگ

jégeső

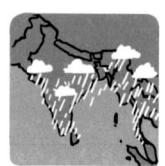

باد موسمی

monszun

سیل

áradás

یخ

jég

ژانویه

január

فوریه

február

مارس

március

آوریل

április

مه

május

ژوئن

június

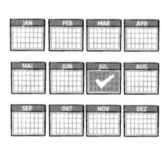

ژوئیه

július

اگوست

augusztus

سال - év

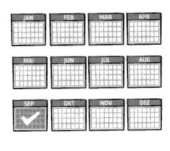

سپتامبر

szeptember

أكتبر

október

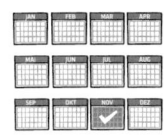

نوامبر

november

دسامبر

december

alakzatok

دايره

kör

مربع

négyzet

مستطيل

téglalap

سه گوش

háromszög

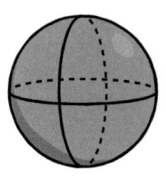

گره

gömb

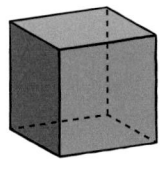

مكعب مربع

kocka

színek

سفید

fehér

زرد

sárga

نارنجی

narancs

صورتی

rózsaszín

قرمز

piros

بنفش

lila

آبی

kék

سبز

zöld

قهوه ای

barna

خاکستری

szürke

سیاه

fekete

خیلی / کم

sok / kevés

خشمگین / آرام

mérges / nyugodt

زیبا / زشت

szép / csúnya

شروع / پایان

kezdet / vég

بزرگ / کوچک

nagy / kicsi

روشن / تیره

világos / sötét

برادر / خواهر

fivér / nővér

تمیز / آلوده

tiszta / koszos

کامل / ناقص

teljes / nem teljes

روز / شب

nappal / éjszaka

مرده / زنده

halott / élő

پهن / باریک

széles / keskeny

قابل خوردن / غیر قابل خوردن

ehető / nem ehető

غضبناک / مهربان

gonosz / kedves

هیجان زده / بی حوصله

izgatott / unott

چاق / لاغر

kövér / vékony

اولین / آخرین

első / utolsó

دوست / دشمن

barát / ellenség

پر / خالی

teli / üres

سفت / نرم

kemény / puha

سنگین / سبک

nehéz / könnyű

گرسنگی / تشنگی

éhség / szomjúság

مریض / سالم

betegség / egészség

غیرقانونی / قانونی

illegális / legális

باهوش / خنگ

intelligens / buta

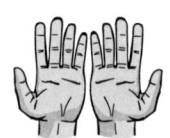

چپ / راست

bal / jobb

نزدیک / دور

közel / távol

نو / استفاده شده

új / használt

هیچ چیز / چیزی

semmi / valami

پیر / جوان

idős / fiatal

روشن / خاموش

be / ki

باز / بسته

nyitva / zárva

آهسته / بلند

csendes / hangos

ثروتمند / فقیر

gazdag / szegény

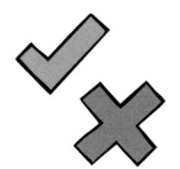

درست / غلط

helyes / helytelen

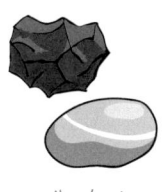

زبر / صاف

érdes / sima

غمگین / خوشحال

szomorú / vidám

کوتاه / بلند

rövid / hosszú

کند / تند

lassú / gyors

تَر / خشک

nedves / száraz

گرم / خنک

meleg / hideg

جنگ / صلح

háború / béke

0

صفر
....

nulla

1

یک
....

egy

2

دو
....

kettő

3

سه
....

három

4

چهار
....

négy

5

پنج
....

öt

6

شش
....

hat

7

هفت
....

hét

8

هشت
....

nyolc

9

نه
....

kilenc

10

ده
....

tíz

11

یازده
....

tizenegy

12
دوازده
tizenkettő

13
سیزده
tizenhárom

14
چهارده
tizennégy

15
پانزده
tizenöt

16
شانزده
tizenhat

17
هفده
tizenhét

18
هجده
tizennyolc

19
نوزده
tizenkilenc

20
بیست
húsz

100
صد
száz

1.000
هزار
ezer

1.000.000
میلیون
millió

انگلیسی

angol

انگلیسی آمریکایی

amerikai angol

چینی ماندارین

mandarin kínai

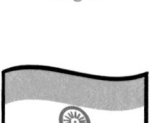

هندی

hindi

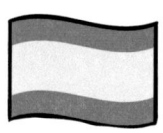

اسپانیایی

spanyol

فرانسوی

francia

عربی

arab

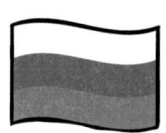

روسی

orosz

پرتغالی

portugál

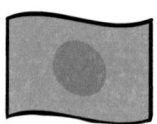

بنگالی

bengáli

آلمانی

német

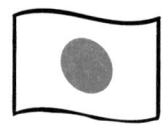

ژاپنی

japán

من

én

تو

te

او

ő

ما

mi

شما

ti

آنها

ők

چه کسی؟ کی؟

ki?

چی؟

mi?

چگونه؟

hogyan?

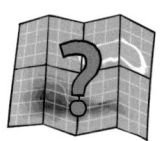

کجا؟

hol?

کی؟

mikor?

نام

név

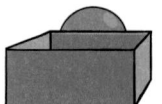

پشت

mögött

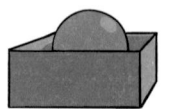

توی

benne

جلو

elötte

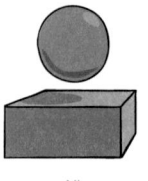

بالای

felette

روی

rajta

زیر

alatta

مجاور

mellett

بین

között

مکان

hely